憲法絵本

生きる！
人間として
生かせ！
人間らしくあるために
日本国憲法を
とことん使いこなそう

絵と文◉橋本勝

花伝社

1945年8月15日
ラジオから天皇の玉音放送が流れ
戦争が終わった
その累々と横たわる無数の死体を見よ
数百万人もの日本人が
無念の死をとげた
だがその戦争は
日本がアジアにしかけた
侵略戦争であったという事実を
忘れるわけにはいかない
それは1千万人をこえる
アジアの人たちの死をもたらしたのである
戦争はもうコリゴリ
戦争するような国家はゴメンだ
そんな人びとの強い思いを受けとめてくれる
戦争放棄、主権在民、基本的人権の尊重を
三本の柱とする日本国憲法のもとに
日本は再生の道をあゆむことになる

前文より

政府の行為によつて再び戦争の惨禍が起ることのないやうにすることを決意し、ここに主権が国民に存することを宣言し、この憲法を確定する。

日本の象徴を
しるした
パスポートはいかが
天皇制の1条と
戦争放棄の9条を
組み合わせました
日本人の証たる
パスポートの表紙が
天皇制の菊と
9条の9がいっしょになった
素敵なデザインになりました
外国人にこれこそ日本だと
誇りをもって見せることができます
まさに日本の象徴です

1条

[天皇の地位、国民主権] 天皇は、日本国の象徴であり日本国民統合の象徴であつて、この地位は、主権の存する日本国民の総意に基く。

9条

[戦争の放棄、軍備及び交戦権の否認] 日本国民は、正義と秩序を基調とする国際平和を誠実に希求し、国権の発動たる戦争と、武力による威嚇又は武力の行使は、国際紛争を解決する手段としては、永久にこれを放棄する。
② 前項の目的を達するため、陸海空軍その他の戦力は、これを保持しない。国の交戦権は、これを認めない。

日本国憲法を変えてしまいたいと思っている人たちの
最大の狙いは9条
もっとズバリ言えば9条の2項をなくしてしまうこと
2項さえなくなれば
おおっぴらに軍事力の行使が可能になります
日本は戦争できる国になるのです
9条の2項に×印をつけようとする
戦争大好き人間たちに
要注意です

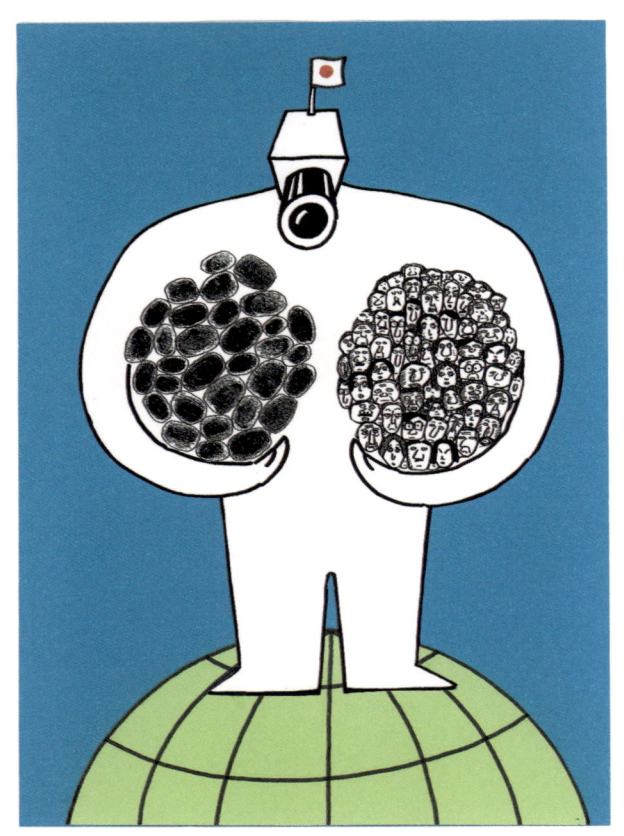

現在、日本には110数万人の
外国の方がいます
そのうち日本に定住している人は
約70万人
仕事を持ち、家族があり、税金も納めて
日本人とかわらぬ暮らしをおくっています
だが日本国籍をもたないため
日本国憲法にある基本的人権は
彼らには適用されず
いまだに差別や偏見に苦しむことが多い

そして短期的に滞在する外国人の待遇にも
問題ありなのです
そのことを端的に語っているのが
日本に入国する外国人の「顔」と「指紋」
が採取されていること
テロリストの入国を防ぐためというのです
人権というのは本来普遍的なもので
国籍がないということで
それを無視するというのでは
とても日本国憲法の理念を
生かしているとはいえません

10 条
[日本国民の要件] 日本国民たる要件は、法律でこれを定める。

うまく生きられなかった親たち
不運だった親たち
弱かった親たち
絶望するしかなかった親たち
……
そして
無理やり死んでいかされた子どもたち

生の最後の一瞬
彼らは何を見、何を考えたのか
その子どもたちからこそ
この社会はとらえかえさなければならない
そう
どうして、今
この日本が
よい社会といえるだろう

11条

[基本的人権の享有] 国民は、すべての基本的人権の享有を妨げられない。この憲法が国民に保障する基本的人権は、侵すことのできない永久の権利として、現在及び将来の国民に与へられる。

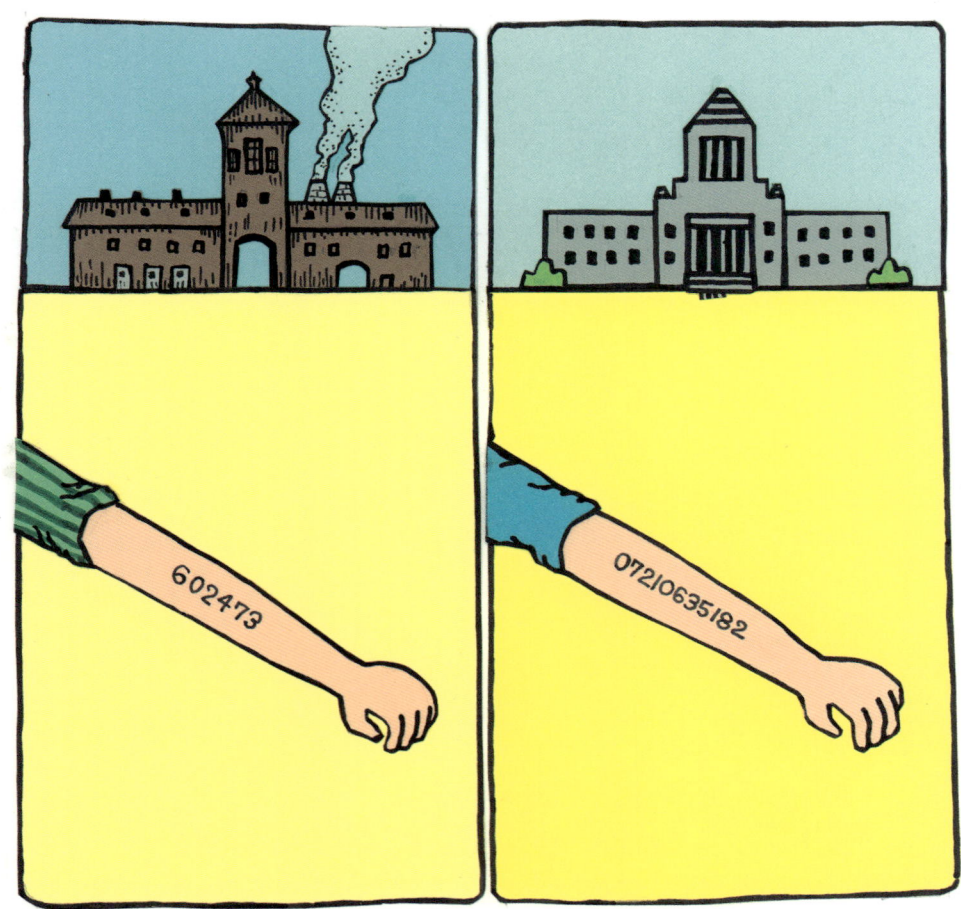

国民すべてに 11 桁の番号をつけて
個人情報を管理し
住民サービスの向上をはかるのが
住基ネット
番号で人間を管理といえば
ナチスドイツの強制収容所では
収容者の腕に番号を刻印して
人間の管理の徹底化をはかりました

そして権力者側にとり住基ネットは
個人のさまざまの情報を
どんどん入力していくことで
クリックすれば個人情報のすべてを
簡単に入手することができるという
情報管理するには
まことに便利なシステムなのです

13 条

[個人の尊重と公共の福祉] すべて国民は、個人として尊重される。生命、自由及び幸福追求に対する国民の権利については、公共の福祉に反しない限り、立法その他の国政の上で、最大の尊重を必要とする。

むかし　むかし
1億総中流社会といわれた
国がありました
それなりに働き
それなりの収入
それなりの生活ができる
戦争に負け
ゼロから出発した国の
それなりの成果でした
でも今
ほんの少数のお金持ちと
大多数の貧乏な人たちという
格差社会に
日本はなりました
競争するってすばらしい
競争できる自由があればこそ
社会に、国に、活気がでると
いうもの
格差は差別じゃない
競争のない平等な社会を
夢みるのは
やめましょう

14条

［法の下の平等、貴族制度の否認、栄典の限界］　すべて国民は、法の下に平等であつて、人種、信条、性別、社会的身分又は門地により、政治的、経済的又は社会的関係において、差別されない。
②　華族その他の貴族の制度は、これを認めない。
③　栄誉、勲章その他の栄典の授与は、いかなる特権も伴はない。栄典の授与は、現にこれを有し、又は将来これを受ける者の一代に限り、その効力を有する。

日の丸は国旗だから
君が代は国歌だから
国への敬意ささげるため
子どもたちは起立し
歌わなければなりません
子どもらの心に
愛国心を育てたい

先生はそんな子どもたちの
お手本にならなくてはなりません
入学式に卒業式
大事な学校の行事には
国旗と国歌は欠かせない
日の丸と君が代
国を愛する心をそだてよう

19条
[思想及び良心の自由] 思想及び良心の自由は、これを侵してはならない。

国家に
命をささげた
兵士たちよ
靖国に祀られた
兵士たちよ
忠君愛国の

兵士たちよ
お国のためになら
死ねる日本人を
育てるため
靖国神社はあるのです

20 条

[信教の自由、国の宗教活動の禁止] 信教の自由は、何人に対してもこれを保障する。いかなる宗教団体も、国から特権を受け、又は政治上の権力を行使してはならない。
② 何人も、宗教上の行為、祝典、儀式又は行事に参加することを強制されない。
③ 国及びその機関は、宗教教育その他いかなる宗教的活動もしてはならない。

反戦ビラをまいただけで
死刑になった
ナチスドイツに抵抗した
白バラの若者たちの悲劇
現代の日本ではそんなこと
起こりっこないと
思っていませんか……
反戦チラシくばっただけで
反戦落書きしただけで
捕まり、長期勾留される
そんな国に
日本をしていいのですか
国民を守るのは
軍事力しかない
国民は監視、管理される対象でしかない
そんな日本にしたくない
抵抗することで
民主主義をしっかり自分たちの
ものにすることができるのです

21 条

［集会・結社・表現の自由、検閲の禁止、通信の秘密］ 集会、結社及び言論、出版その他一切の表現の自由は、これを保障する。
② 検閲は、これをしてはならない。通信の秘密は、これを侵してはならない。

教科書からなくしてしまいたい
沖縄の『集団自決』問題
国民のいのちを
守らなければならない
日本軍が
敗色濃厚の沖縄で
住民に集団自決を強いた
そんなありえては
ならないことが

あった……
これはとてもまずい
軍隊は国民も守らないということを
子どもたちに学ばせたくない
だからなんとか教科書から
集団自決の
記述をなくし
歴史から抹殺したいのです

21条

［集会・結社・表現の自由、検閲の禁止、通信の秘密］　集会、結社及び言論、出版その他一切の表現の自由は、これを保障する。
②　検閲は、これをしてはならない。通信の秘密は、これを侵してはならない。

自由は人間が人間らしく生きるための大原則
どこに住むか、どんな職業を選ぶか
それを国家が束縛するようなことはあってはならない
しかし人間は国家に所属していなければ
生きることに多くの困難を強いられる
そのためには国家の定めたルールには
したがわなければならない
人間の自由をめぐっての個人と国家の
せめぎあい、それがいかにされるかに
その国の民主主義の
成熟度が問われる

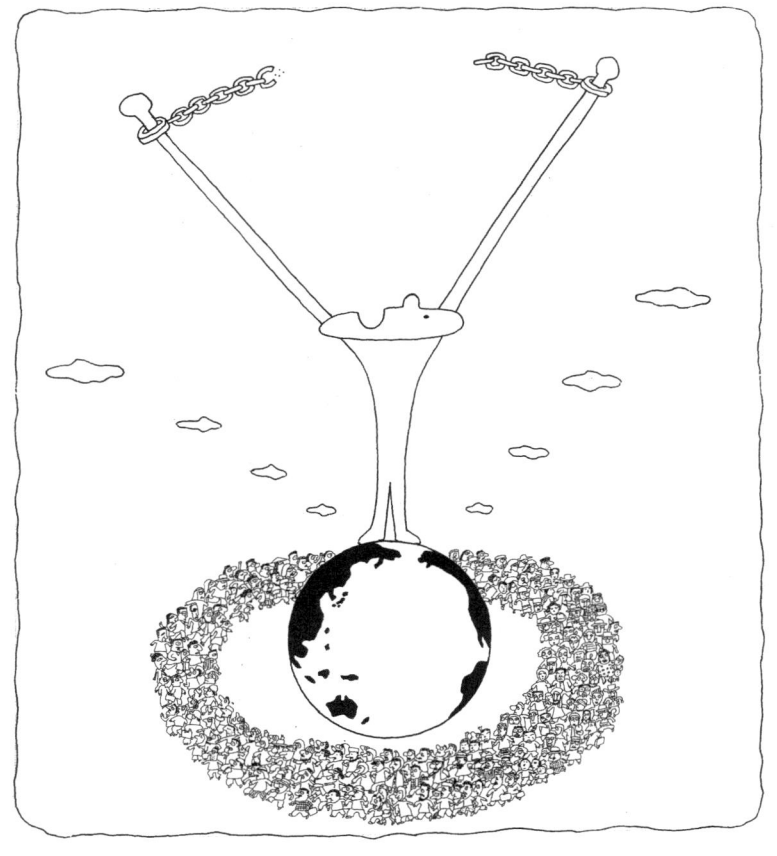

22条

[居住・移転・職業選択の自由、外国移住・国籍離脱の自由] 何人も、公共の福祉に反しない限り、居住、移転及び職業選択の自由を有する。
② 何人も、外国に移住し、又は国籍を離脱する自由を侵されない。

教科書からなくしてしまいたい
従軍「慰安婦」問題
過去に犯した
国の恥を
なぜ子どもたちに
教えなくてはならないのか
生きるか死ぬかの
戦場で
がんばる兵隊さんの

せめてもの慰めは
性の欲望の放出
国家による兵士たちの
性の欲望の管理こそ
従軍「慰安婦」制度なのです
それは
歴史の闇に葬りさることが
人間の知恵というもの

23条

［学問の自由］　学問の自由は、これを保障する。

家のため
国家のため
女はあるの
産めよ
殖やせよ
未来の兵隊さんづくり
女の体が
国家に奉仕
そんな国にしたいですか

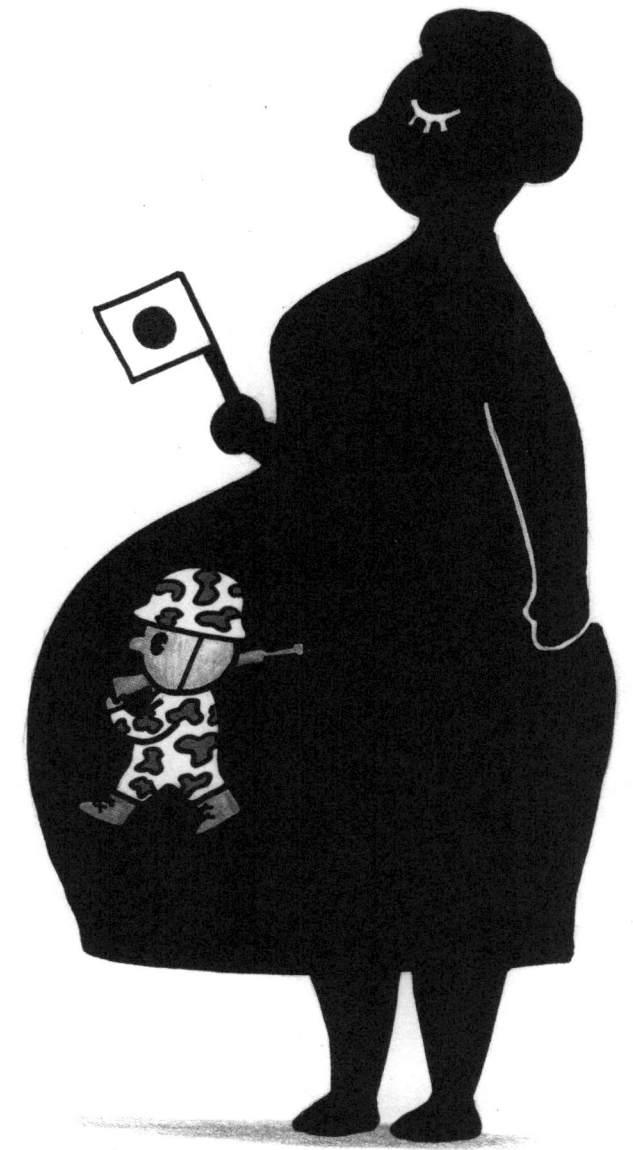

24条
[家族生活における個人の尊厳と両性の平等] 婚姻は、両性の合意のみに基いて成立し、夫婦が同等の権利を有することを基本として、相互の協力により、維持されなければならない。
② 配偶者の選択、財産権、相続、住居の選定、離婚並びに婚姻及び家族に関するその他の事項に関しては、法律は、個人の尊厳と両性の本質的平等に立脚して、制定されなければならない。

いま、大都市の片すみで
貧しさから、おにぎり　ひとつ
食べられず
飢えて死んでいった人が
いるという国
人が人として
生きる権利も守られない
むかし、南の島の戦場で
敗残兵となり、ジャングルをさまよい
飢えて死んでいった
兵士たち……
生きたい
だけど生きられない
でもそれは
むかし、国のため
いま、自己責任
といってすます国
そんな国にだれがした

国会の
裏にあります
うばすて山
カラス、カア、カア鳴いている
背中の
じいさん、ばあさん泣いている
むかし、むかしの話じゃない
２１世紀のニッポンに
実際におこっている話です
そんな非情な法律が
決まっていた
世界に誇る
長寿国ニッポンの
平均寿命が
アレヨアレヨと短くなる

25条

[生存権、国の生存権保障義務]　すべて国民は、健康で文化的な最低限度の生活を営む権利を有する。
②　国は、すべての生活部面について、社会福祉、社会保障及び公衆衛生の向上及び増進に努めなければならない。

働くことの権利と義務
もちろん働かなくては
人は生きていけない
でも今
働くものの環境は悪化するばかり
グローバリゼーションの時代
競争力をつけろ
そして市場万能の新自由主義とやらで
規制緩和が進められ
派遣労働者が激増

今や、働くものの3分の1が非正規社員
不安定で、未来に希望のもてない
働き方を強いられる
派遣労働者は企業にとって
低賃金で、無保障でいいという
まことに使い勝手のいい存在
不況になればまっ先に解雇される
モノあつかいされる労働者
それは人間の尊厳と基本的人権を
ふみにじることなのだ

27条

[勤労の権利・義務、勤労条件の基準、児童酷使の禁止] すべて国民は、勤労の権利を有し、義務を負ふ。
② 賃金、就業時間、休息その他の勤労条件に関する基準は、法律でこれを定める。
③ 児童は、これを酷使してはならない。

労働者は
物言わぬロボットではありません
働くだけの機械ではありません
理想と夢をいだいて
世界や国の不正や歪みに
怒りもするのです
労働者は
ひとりひとりが孤立している
ロボットなんかではありません

助けあう仲間を見失ったとき
ロボット化がはじまります
労働者は
孤独でさびしい
ロボットなんかではありません
連帯、団結することで
権力の弾圧に
抵抗することができる
人間になるのです

28条
［勤労者の団結権・団体交渉権その他団体行動権］　勤労者の団結する権利及び団体交渉その他の団体行動をする権利は、これを保障する。

90式戦車9億円、戦闘ヘリコプター73億円、イージス艦1400億円、
新型潜水艦580億円、F15戦闘機90億円、支援戦闘機127億円、
パトリオット地対空ミサイル280億円などなど
自衛隊が持っている主な兵器の値段です
国民の尊い血税によって得られた兵器で
日本の安全がたもたれているのです
だからセッセと買い集めます
でも、いつまでも兵器を
買うだけの国家ではいませんよ
いずれ兵器を売る国家にいたします
そして日本は名実ともに世界から恐れられ尊敬される
軍事大国になること間違いなし
その時がくるまで国民から税金いただきます

30条

[納税の義務]　国民は、法律の定めるところにより、納税の義務を負ふ。

愛読者カード

このたびは小社の本をお買い上げ頂き、ありがとうございます。今後の企画の参考とさせて頂きますのでお手数ですが、ご記入の上お送り下さい。

書 名

本書についてのご感想をお聞かせ下さい。また、今後の出版物についてのご意見などを、お寄せ下さい。

◎購読注文書◎　　　　ご注文日　　年　　月　　日

書　　　名	冊　数

代金は本の発送の際、振替用紙を同封いたしますので、それでお支払い下さい。
（3冊以上送料無料）
　　なおご注文は　　FAX　　03-3239-8272　　または
　　　　　　　　　メール　kadensha@muf.biglobe.ne.jp
　　　　　　　　　　　　　　でも受け付けております。

郵便はがき

101-8791

507

料金受取人払郵便

神田支店
承認

5518

差出有効期間
平成22年6月
30日まで

東京都千代田区西神田
2-7-6 川合ビル

㈱ 花 伝 社 行

|||||||||||||||||||||||||||||||||||||

ふりがな お名前	
	お電話
ご住所（〒　　　　） （送り先）	

◎新しい読者をご紹介ください。

ふりがな お名前	
	お電話
ご住所（〒　　　　） （送り先）	

思いやります
アメリカ軍
思いやり予算で
米兵の面倒しっかりみます
米軍基地でのくらしを
快適なものにいたします
すべては日米安保を
守るため

思いやりません　日本人
母子家庭
ハンデのある人
お年寄り
失業している人……
そんな暮らしに困っている人に対しては
自分のことは
自分でなんとかしましょうの
自己責任で対処します
そう、日本人に対しては
思いやり予算はありません

85条

［国費支出と国の債務負担］　国費を支出し、又は国が債務を負担するには、国会の議決に基くことを必要とする。

時代は戦前へと逆もどり
厳しい、厳しい取締り
拷問だっていたします
公安刑事が、いや憲兵が、
威張っている時代へと逆もどり

軍人さんが大きな顔してのし歩く
そんな時代へと逆もどり
民主主義も、国民主権も、
基本的人権もくそくらえ
戦争できる日本へ逆もどり

31 条

[法定手続の保障]　何人も、法律の定める手続によらなければ、その生命若しくは自由を奪はれ、又はその他の刑罰を科せられない。

風邪でもないのに
マスクマン
正体かくして
マスクマン
国家の安全おびやかす
奴らをしっかり
監視、管理いたします
デモや集会あれば
すぐに押しかける
過重警備はお手のもの
マスクマンは

今日も行く
権力に抵抗するなど
もってのほか
ころび公妨だってやります
権力に従順な国民を作り出す
それが公安警察、
マスクマンの使命なのさ
シビリアン（文民）コントロールじゃない
コウアン（公安）コントロールで
国まもる

33条

[逮捕に対する保障] 何人も、現行犯として逮捕される場合を除いては、権限を有する司法官憲が発し、且つ理由となつてゐる犯罪を明示する令状によらなければ、逮捕されない。

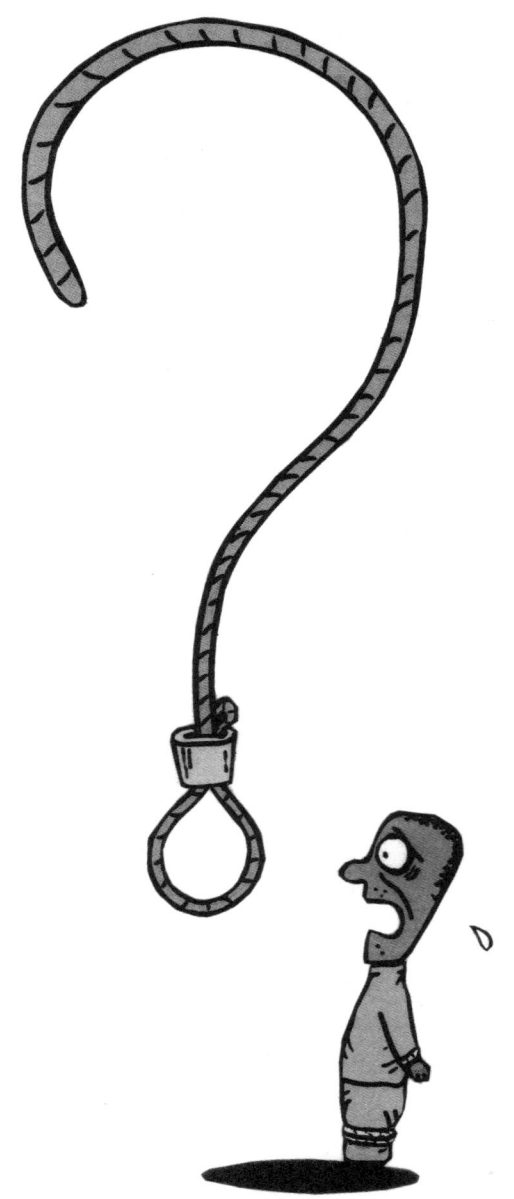

疑わしきは罰せず
それが司法の大原則
憲法でも戦前の非民主的な
司法の横暴を反省し
厳密な規定をしています
今、世界では
死刑制度の廃止が
大きな流れとなっています
３６条「残虐な刑罰の禁止」は
はたして死刑を
違憲とするものなのかは
論議の的になっています
それにしても
冤罪によって死刑になったら
取り返しがつきません
この死刑問題ひとつとっても
憲法を充分
生かせているとは思えないのです

36条
［拷問及び残虐な刑罰の禁止］　公務員による拷問及び残虐な刑罰は、絶対にこれを禁ずる。

無実の人が罪となる
冤罪っておそろしい
罪がなくても
罪つくる
その手段とされてきたのが
自白です
自白こそが証拠の王様
取調室という密室で
容疑者に無理矢理
罪を自白させる

そんな冤罪をふせぐために
３８条はあるのですが
さらに取り調べの
可視化ということが
いま、問題となっています
だが警察、検察は
これに難色をしめし
部分的な可視化ならかまわない
なんて姑息なことをいいだしていますが
何かまずいことでもあるのでしょうか

38 条

［不利益な供述の強要禁止、自白の証拠能力］　何人も、自己に不利益な供述を強要されない。
②　強制、拷問若しくは脅迫による自白又は不当に長く抑留若しくは拘禁された後の自白は、これを証拠とすることができない。
③　何人も、自己に不利益な唯一の証拠が本人の自白である場合には、有罪とされ、又は刑罰を科せられない。

１年足らずで政権を放り出した安倍、福田首相
その後をついだ麻生首相
そして小泉元首相も
みんな２代目、３代目の世襲政治家
さらに麻生内閣の３分の２、国会議員の３分の１が
世襲政治家なのである
日本の政治は身分制？　これは憲法違反ではないかとさえ思う
親の後を継いだ世襲政治家たちによって
日本の政治は動かされているのではないか
そんな疑問を提起するため
国会前に世襲政治家たちの
ご先祖様のお墓をたてたらいかが
世襲政治は民主主義の墓場なのだ

44条

[議員及び選挙人の資格]　両議院の議員及びその選挙人の資格は、法律でこれを定める。但し、人種、信条、性別、社会的身分、門地、教育、財産又は収入によつて差別してはならない。

66条の 2 項にわざわざ
総理大臣と国務大臣は
文民でなければならないと
明記している意味は大きい
そこには軍人が政治の実権をにぎり
日本を戦争へと暴走させたことへの
深い反省がある
シビリアン・コントロールが
しっかり機能していることが
平和と民主主義のためには
何よりも大切なことなのだ

66条

［内閣の組織］ 内閣は、法律の定めるところにより、その首長たる内閣総理大臣及びその他の国務大臣でこれを組織する。
② 内閣総理大臣その他の国務大臣は、文民でなければならない。
③ 内閣は、行政権の行使について、国会に対し連帯して責任を負ふ。

スコップと銃を
もった兵隊さん
戦争放棄したはずの日本に
兵隊さんがいる不思議
ゴマ化しかさねて
大きくなった
軍隊じゃないから

違憲じゃないよ、自衛隊海外派遣
戦争するんじゃないよ
国際貢献するためだ
スコップと
銃をもった兵隊いや自衛隊
かくして海外へ
出発

戦争放棄しているはずの
９条ですが
自衛権まで放棄していない
ということで
専守防衛ならかまわないと
軍事力を整備、拡張してきたのが
戦後の日本でした
今、その自衛権を

さらに拡大解釈して
集団自衛権ということで
アメリカ軍の進める
世界戦略のお手伝いを
しようとしています
それは事実上の
改憲ということに
他なりません

81条

［法令等の合憲性審査権］　最高裁判所は、一切の法律、命令、規則又は処分が憲法に適合するかしないかを決定する権限を有する終審裁判所である。

OKINAWA

OKINAWA

アメリカの基地が押しつけられている現実をなんと見る

ジュゴンの住む海を殺しておいて　改憲して環境権を入れろとは……

日米安保とやらで犠牲を強いられ続けてきたオキナワ

今の憲法はアメリカの押しつけだという人よ

YOKOSUKA

IWAKUNI

原子力空母の母港化で　ヨコスカ核基地化が進む

アメとムチで日本列島の米軍基地化が進む

挙国一致で走り出す
戦争できる国へと
走り出す
もう止まらない
国会議員のみなさんが
戦争できる国へと
大同団結
戦争放棄の憲法第９条を
変えるための
翼賛体制づくり
……
そんな時代にしたくない
だから選挙のときには
誰を選ぶか
じっくり考えたいものです

そして
憲法をかえるか、かえないかを
国民が投票で決める時
国会で３分の２以上の
多数の議員によって改憲が
発議され
改憲へまっしぐらというムードが
日本に満ちています

96条

［憲法改正の手続］　この憲法の改正は、各議院の総議員の３分の２以上の賛成で、国会が、これを発議し、国民に提案してその承認を経なければならない。この承認には、特別の国民投票又は国会の定める選挙の際行はれる投票において、その過半数の賛成を必要とする。

さらに「国民投票法」で決められた
投票のルールは護憲の側にとって
とても不利
国民の少数の賛成でも改憲が
決まる可能性があります
公務員、教育者は憲法を論じることを
封じられ
マスコミでも活発な憲法論議が
しにくい

一方、改憲の側は多額のお金をかけて
改憲ＰＲを大々的に展開します
国民投票で改憲にＮＯをつきつければいい
なんて楽観的な見方は禁物です

97条

［基本的人権の本質］　この憲法が日本国民に保障する基本的人権は、人類の多年にわたる自由獲得の努力の成果であつて、これらの権利は、過去幾多の試錬に堪へ、現在及び将来の国民に対し、侵すことのできない永久の権利として信託されたものである。

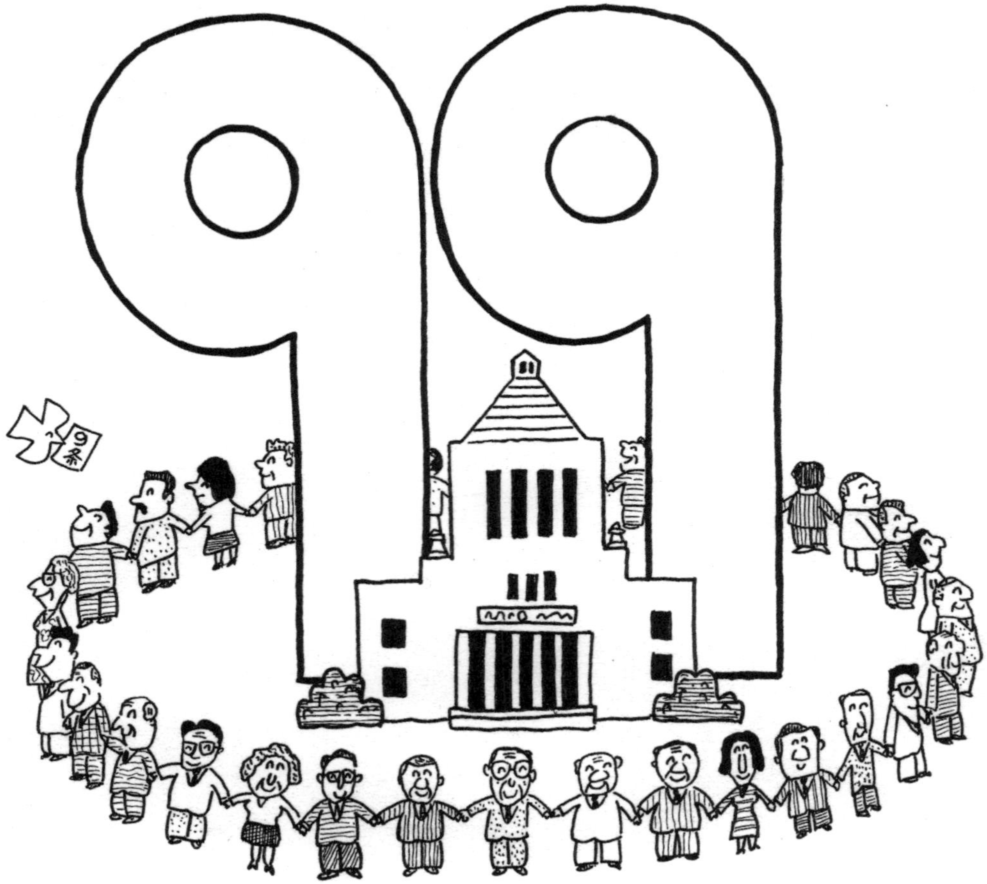
9条

憲法は
国民に守れと迫るものではなく
権力の暴走を防ぐためにある
でも
守らなくてはならない人たちが
その憲法を
邪魔なものに感じ
都合のいいものへと変えようと
計画し、実行しようとしている
そんな今だからこそ
９９条のもつ意味はとても大きい

99条

［憲法尊重擁護義務］　天皇又は摂政及び国務大臣、国会議員、裁判官その他の公務員は、この憲法を尊重し擁護する義務を負ふ。

「平和が好き」「人間らしく生きたい」という願いのこもった日本国憲法には国境をこえて世界の人びと（PEOPLE）と共有できる人類の普遍的な理念がある、そんな希望への指針をなくしてはならない。

前文より

日本国民は、恒久の平和を念願し、人間相互の関係を支配する崇高な理想を深く自覚するのであつて、平和を愛する諸国民の公正と信義に信頼して、われらの安全と生存を保持しようと決意した。われらは、平和を維持し、専制と隷従、圧迫と偏狭を地上から永遠に除去しようと努めてゐる国際社会において、名誉ある地位を占めたいと思ふ。われらは、全世界の国民が、ひとしく恐怖と欠乏から免かれ、平和のうちに生存する権利を有することを確認する。

あとがき

１９４２年１月５日、太平洋戦争が始まってすぐの時、生まれた私の名は
日本が戦争に勝つようにと勝とつけられた。
１９４５年、日本は戦争に負けた。
その３年後に作られたのが日本国憲法である。
私が青春まっただ中の時、ベトナム戦争があった。
フリーのイラストレーターであったが、
社会や政治を対象にして風刺漫画を描き始めていた。
以来４０数年以上その仕事で何とか生きてきた。
テーマは戦争と平和を題材にしたものが多い。そのバックボーンに
戦争放棄の憲法９条があったことはいうまでもない。
そして２１世紀になり、９条を守れという運動にも参加するようになり、
９条に関する絵本も３冊、出版した。
次に９条だけではなく憲法全般にわたった絵本の創作を思い立ち、
日本国憲法を読み直してみた。
戦後６０数年、日本国憲法と共に生きてきた私にとってその精神が
私の考え方の基本にあるのだということを気づかされた。
そして私が風刺漫画家として描いてきた作品の多くが
違憲の問題に対するプロテストになっていたのである。
反戦、反核の９条はもとより、人権、民主主義の尊重の１１条、１３条、１４条、
思想、表現の自由を謳う１９条、２１条、さらに生存権の２５条などの問題などなど。
裁判で違憲訴訟がいくつもおこなわれているが、
わが絵もそうした運動に使われたりしている。
そう、風刺漫画と憲法はよく似合うのである。
日本国憲法の条文と絵とがピッタリと自負している。
この本が改憲の動きにストップをかけることに役立ってくれれば大変ウレシイ。

２００９年１月　　　　　橋本勝

日本国憲法

日本国憲法【目次】　　前　文
第1章 天　皇（第1条〜第8条）
第2章 戦争の放棄（第9条）
第3章 国民の権利及び義務（第10条〜第40条）
第4章 国　会（第41条〜第64条）
第5章 内　閣（第65条〜第75条）
第6章 司　法（第76条〜第82条）
第7章 財　政（第83条〜第91条）
第8章 地方自治（第92条〜第95条）
第9章 改　正（第96条）
第10章 最高法規（第97条〜第99条）
第11章 補　則（第100条〜第103条）

　　昭和21・11・3・公布
　　昭和22・5・3・施行

前　文

① 日本国民は、正当に選挙された国会における代表者を通じて行動し、われらとわれらの子孫のために、諸国民との協和による成果と、わが国全土にわたつて自由のもたらす恵沢を確保し、政府の行為によつて再び戦争の惨禍が起ることのないやうにすることを決意し、ここに主権が国民に存することを宣言し、この憲法を確定する。そもそも国政は、国民の厳粛な信託によるものであつて、その権威は国民に由来し、その権力は国民の代表者がこれを行使し、その福利は国民がこれを享受する。これは人類普遍の原理であり、この憲法は、かかる原理に基くものである。われらは、これに反する一切の憲法、法令及び詔勅を排除する。

② 日本国民は、恒久の平和を念願し、人間相互の関係を支配する崇高な理想を深く自覚するのであつて、平和を愛する諸国民の公正と信義に信頼して、われらの安全と生存を保持しようと決意した。われらは、平和を維持し、専制と隷従、圧迫と偏狭を地上から永遠に除去しようと努めてゐる国際社会において、名誉ある地位を占めたいと思ふ。われらは、全世界の国民が、ひとしく恐怖と欠乏から免かれ、平和のうちに生存する権利を有することを確認する。

③ われらは、いづれの国家も、自国のことのみに専念して他国を無視してはならないのであつて、政治道徳の法則は、普遍的なものであり、この法則に従ふことは、自国の主権を維持し、他国と対等関係に立たうとする各国の責務であると信ずる。

④ 日本国民は、国家の名誉にかけ、全力をあげてこの崇高な理想と目的を達成することを誓ふ。

第1章　天　皇

第1条　天皇は、日本国の象徴であり日本国民統合の象徴であつて、この地位は、主権の存する日本国民の総意に基く。

第2条　皇位は、世襲のものであつて、国会の議決した皇室典範の定めるところにより、これを継承する。

第3条　天皇の国事に関するすべての行為には、内閣の助言と承認を必要とし、内閣が、その責任を負ふ。

第4条　天皇は、この憲法の定める国事に関する行為のみを行ひ、国政に関する権能を有しない。
② 天皇は、法律の定めるところにより、その国事に関する行為を委任することができる。

第5条　皇室典範の定めるところにより摂政を置くときは、摂政は、天皇の名でその国事に関する行為を行ふ。この場合には、前条第一項の規定を準用する。

第6条　天皇は、国会の指名に基いて、内閣総理大臣を任命する。
② 天皇は、内閣の指名に基いて、最高裁判所の長たる裁判官を任命する。

第7条　天皇は、内閣の助言と承認により、国民のために、左の国事に関する行為を行ふ。
1. 憲法改正、法律、政令及び条約を公布すること。
2. 国会を召集すること。
3. 衆議院を解散すること。
4. 国会議員の総選挙の施行を公示すること。
5. 国務大臣及び法律の定めるその他の官吏の任免並びに全権委任状及び大使及び公使の信任状を認証すること。
6. 大赦、特赦、減刑、刑の執行の免除及び復権を認証すること。
7. 栄典を授与すること。
8. 批准書及び法律の定めるその他の外交文書を認証すること。
9. 外国の大使及び公使を接受すること。
10. 儀式を行ふこと。

第8条　皇室に財産を譲り渡し、又は皇室が、財産を譲り受け、若しくは賜与することは、国会の議決に基かなければならない。

第2章　戦争の放棄
第9条　日本国民は、正義と秩序を基調とする国際平和を誠実に希求し、国権の発動たる戦争と、武力による威嚇又は武力の行使は、国際紛争を解決する手段としては、永久にこれを放棄する。
② 前項の目的を達するため、陸海空軍その他の戦力は、これを保持しない。国の交戦権は、これを認めない。

第3章　国民の権利及び義務
第10条　日本国民たる要件は、法律でこれを定める。
第11条　国民は、すべての基本的人権の享有を妨げられない。この憲法が国民に保障する基本的人権は、侵すことのできない永久の権利として、現在及び将来の国民に与へられる。
第12条　この憲法が国民に保障する自由及び権利は、国民の不断の努力によつて、これを保持しなければならない。又、国民は、これを濫用してはならないのであつて、常に公共の福祉のためにこれを利用する責任を負ふ。
第13条　すべて国民は、個人として尊重される。生命、自由及び幸福追求に対する国民の権利については、公共の福祉に反しない限り、立法その他の国政の上で、最大の尊重を必要とする。
　第14条　すべて国民は、法の下に平等であつて、人種、信条、性別、社会的身分又は門地により、政治的、経済的又は社会的関係において、差別されない。
② 華族その他の貴族の制度は、これを認めない。
③ 栄誉、勲章その他の栄典の授与は、いかなる特権も伴はない。栄典の授与は、現にこれを有し、又は将来これを受ける者の一代に限り、その効力を有する。
第15条　公務員を選定し、及びこれを罷免することは、国民固有の権利である。
② すべて公務員は、全体の奉仕者であつて、一部の奉仕者ではない。
③ 公務員の選挙については、成年者による普通選挙を保障する。
④ すべて選挙における投票の秘密は、これを侵してはならない。選挙人は、その選択に関し公的にも私的にも責任を問はれない。
第16条　何人も、損害の救済、公務員の罷免、法律、命令又は規則の制定、廃止又は改正その他の事項に関し、平穏に請願する権利を有し、何人も、かかる請願をしたためにいかなる差別待遇も受けない。
第17条　何人も、公務員の不法行為により、損害を受けたときは、法律の定めるところにより、国又は公共団体に、その賠償を求めることができる。
第18条　何人も、いかなる奴隷的拘束も受けない。又、犯罪に因る処罰の場合を除いては、その意に反する苦役に服させられない。
第19条　思想及び良心の自由は、これを侵してはならない。
第20条　信教の自由は、何人に対してもこれを保障する。いかなる宗教団体も、国から特権を受け、又は政治上の権力を行使してはならない。
② 何人も、宗教上の行為、祝典、儀式又は行事に参加することを強制されない。
③ 国及びその機関は、宗教教育その他いかなる宗教的活動もしてはならない。
第21条　集会、結社及び言論、出版その他一切の表現の自由は、これを保障する。
② 検閲は、これをしてはならない。通信の秘密は、これを侵してはならない。
第22条　何人も、公共の福祉に反しない限り、居住、移転及び職業選択の自由を有する。
② 何人も、外国に移住し、又は国籍を離脱する自由を侵されない。
第23条　学問の自由は、これを保障する。
第24条　婚姻は、両性の合意のみに基いて成立し、夫婦が同等の権利を有することを基本として、相互の協力により、維持されなければならない。
② 配偶者の選択、財産権、相続、住居の選定、離婚並びに婚姻及び家族に関するその他の事項に関しては、法律は、個人の尊厳と両性の本質的平等に立脚して、制定されなければならない。
第25条　すべて国民は、健康で文化的な最低限度の生活を営む権利を有する。
② 国は、すべての生活部面について、社会福祉、社会保障及び公衆衛生の向上及び増進に努めなければならない。
第26条　すべて国民は、法律の定めるところにより、その能力に応じて、ひとしく教育を受ける権利を有する。
② すべて国民は、法律の定めるところにより、その保護する子女に普通教育を受けさせる義務を負ふ。義務教育は、これを無償とする。
第27条　すべて国民は、勤労の権利を有し、義務を負ふ。
② 賃金、就業時間、休息その他の勤労条件に関する基準は、法律でこれを定める。
③ 児童は、これを酷使してはならない。
第28条　勤労者の団結する権利及び団体交渉その他の団体行動をする権利は、これを保障する。
第29条　財産権は、これを侵してはならない。
② 財産権の内容は、公共の福祉に適合するやうに、法律でこれを定める。
③ 私有財産は、正当な補償の下に、これを公共のために用ひることができる。
第30条　国民は、法律の定めるところにより、納税の義務を負ふ。

第31条　何人も、法律の定める手続によらなければ、その生命若しくは自由を奪はれ、又はその他の刑罰を科せられない。
第32条　何人も、裁判所において裁判を受ける権利を奪はれない。
第33条　何人も、現行犯として逮捕される場合を除いては、権限を有する司法官憲が発し、且つ理由となつてゐる犯罪を明示する令状によらなければ、逮捕されない。
第34条　何人も、理由を直ちに告げられ、且つ、直ちに弁護人に依頼する権利を与へられなければ、抑留又は拘禁されない。又、何人も、正当な理由がなければ、拘禁されず、要求があれば、その理由は、直ちに本人及びその弁護人の出席する公開の法廷で示されなければならない。
第35条　何人も、その住居、書類及び所持品について、侵入、捜索及び押収を受けることのない権利は、第33条の場合を除いては、正当な理由に基いて発せられ、且つ捜索する場所及び押収する物を明示する令状がなければ、侵されない。
② 捜索又は押収は、権限を有する司法官憲が発する各別の令状により、これを行ふ。
第36条　公務員による拷問及び残虐な刑罰は、絶対にこれを禁ずる。
第37条　すべて刑事事件においては、被告人は、公平な裁判所の迅速な公開裁判を受ける権利を有する。
② 刑事被告人は、すべての証人に対して審問する機会を充分に与へられ、又、公費で自己のために強制的手続により証人を求める権利を有する。
③ 刑事被告人は、いかなる場合にも、資格を有する弁護人を依頼することができる。被告人が自らこれを依頼することができないときは、国でこれを附する。
第38条　何人も、自己に不利益な供述を強要されない。
② 強制、拷問若しくは脅迫による自白又は不当に長く抑留若しくは拘禁された後の自白は、これを証拠とすることができない。
③ 何人も、自己に不利益な唯一の証拠が本人の自白である場合には、有罪とされ、又は刑罰を科せられない。
第39条　何人も、実行の時に適法であつた行為又は既に無罪とされた行為については、刑事上の責任を問はれない。又、同一の犯罪について、重ねて刑事上の責任を問はれない。
第40条　何人も、抑留又は拘禁された後、無罪の裁判を受けたときは、法律の定めるところにより、国にその補償を求めることができる。

第4章　国会

第41条　国会は、国権の最高機関であつて、国の唯一の立法機関である。
第42条　国会は、衆議院及び参議院の両議院でこれを構成する。
第43条　両議院は、全国民を代表する選挙された議員でこれを組織する。
② 両議院の議員の定数は、法律でこれを定める。
第44条　両議院の議員及びその選挙人の資格は、法律でこれを定める。但し、人種、信条、性別、社会的身分、門地、教育、財産又は収入によつて差別してはならない。
第45条　衆議院議員の任期は、4年とする。但し、衆議院解散の場合には、その期間満了前に終了する。
第46条　参議院議員の任期は、6年とし、3年ごとに議員の半数を改選する。
第47条　選挙区、投票の方法その他両議院の議員の選挙に関する事項は、法律でこれを定める。
第48条　何人も、同時に両議院の議員たることはできない。
第49条　両議院の議員は、法律の定めるところにより、国庫から相当額の歳費を受ける。
第50条　両議院の議員は、法律の定める場合を除いては、国会の会期中逮捕されず、会期前に逮捕された議員は、その議院の要求があれば、会期中これを釈放しなければならない。
第51条　両議院の議員は、議院で行つた演説、討論又は表決について、院外で責任を問はれない。
第52条　国会の常会は、毎年一回これを召集する。
第53条　内閣は、国会の臨時会の召集を決定することができる。いづれかの議院の総議員の4分の1以上の要求があれば、内閣は、その召集を決定しなければならない。
第54条　衆議院が解散されたときは、解散の日から40日以内に、衆議院議員の総選挙を行ひ、その選挙の日から30日以内に、国会を召集しなければならない。
② 衆議院が解散されたときは、参議院は、同時に閉会となる。但し、内閣は、国に緊急の必要があるときは、参議院の緊急集会を求めることができる。
③ 前項但書の緊急集会において採られた措置は、臨時のものであつて、次の国会開会の後10日以内に、衆議院の同意がない場合には、その効力を失ふ。
第55条　両議院は、各々その議員の資格に関する争訟を裁判する。但し、議員の議席を失はせるには、出席議員の3分の2以上の多数による議決を必要とする。
第56条　両議院は、各々その総議員の3分の1以上の出席がなければ、議事を開き、議決することができない。
② 両議院の議事は、この憲法に特別の定のある場合を除いては、出席議員の過半数でこれを決し、可否同数のときは、議長の決するところによる。
第57条　両議院の会議は、公開とする。但し、出席議員の3分の2以上の多数で議決したときは、秘密会を開くことができる。
② 両議院は、各々その会議の記録を保存し、秘密会の記録の中で特に秘密を要すると認められるもの以外は、これを公表し、且つ一般に頒布しなければならない。

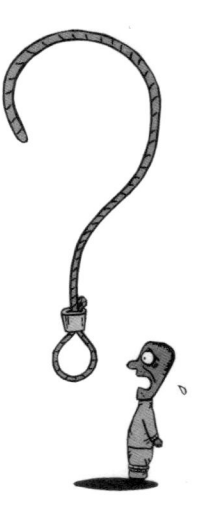

③　出席議員の5分の1以上の要求があれば、各議員の表決は、これを会議録に記載しなければならない。
第58条　両議院は、各々その議長その他の役員を選任する。
②　両議院は、各々その会議その他の手続及び内部の規律に関する規則を定め、又、院内の秩序をみだした議員を懲罰することができる。但し、議員を除名するには、出席議員の3分の2以上の多数による議決を必要とする。
第59条　法律案は、この憲法に特別の定のある場合を除いては、両議院で可決したとき法律となる。
②　衆議院で可決し、参議院でこれと異なつた議決をした法律案は、衆議院で出席議員の3分の2以上の多数で再び可決したときは、法律となる。
③　前項の規定は、法律の定めるところにより、衆議院が、両議院の協議会を開くことを求めることを妨げない。
④　参議院が、衆議院の可決した法律案を受け取つた後、国会休会中の期間を除いて60日以内に、議決しないときは、衆議院は、参議院がその法律案を否決したものとみなすことができる。
第60条　予算は、さきに衆議院に提出しなければならない。
②　予算について、参議院で衆議院と異なつた議決をした場合に、法律の定めるところにより、両議院の協議会を開いても意見が一致しないとき、又は参議院が、衆議院の可決した予算を受け取つた後、国会休会中の期間を除いて30日以内に、議決しないときは、衆議院の議決を国会の議決とする。
第61条　条約の締結に必要な国会の承認については、前条第2項の規定を準用する。
第62条　両議院は、各々国政に関する調査を行ひ、これに関して、証人の出頭及び証言並びに記録の提出を要求することができる。
第63条　内閣総理大臣その他の国務大臣は、両議院の一に議席を有すると有しないとにかかはらず、何時でも議案について発言するため議院に出席することができる。又、答弁又は説明のため出席を求められたときは、出席しなければならない。
第64条　国会は、罷免の訴追を受けた裁判官を裁判するため、両議院の議員で組織する弾劾裁判所を設ける。
②　弾劾に関する事項は、法律でこれを定める。

第5章　内閣

第65条　行政権は、内閣に属する。
第66条　内閣は、法律の定めるところにより、その首長たる内閣総理大臣及びその他の国務大臣でこれを組織する。
②　内閣総理大臣その他の国務大臣は、文民でなければならない。
③　内閣は、行政権の行使について、国会に対し連帯して責任を負ふ。
第67条　内閣総理大臣は、国会議員の中から国会の議決で、これを指名する。この指名は、他のすべての案件に先だつて、これを行ふ。
②　衆議院と参議院とが異なつた指名の議決をした場合に、法律の定めるところにより、両議院の協議会を開いても意見が一致しないとき、又は衆議院が指名の議決をした後、国会休会中の期間を除いて10日以内に、参議院が、指名の議決をしないときは、衆議院の議決を国会の議決とする。
第68条　内閣総理大臣は、国務大臣を任命する。但し、その過半数は、国会議員の中から選ばれなければならない。
②　内閣総理大臣は、任意に国務大臣を罷免することができる。
第69条　内閣は、衆議院で不信任の決議案を可決し、又は信任の決議案を否決したときは、10日以内に衆議院が解散されない限り、総辞職をしなければならない。
第70条　内閣総理大臣が欠けたとき、又は衆議院議員総選挙の後に初めて国会の召集があつたときは、内閣は、総辞職をしなければならない。
第71条　前2条の場合には、内閣は、あらたに内閣総理大臣が任命されるまで引き続きその職務を行ふ。
第72条　内閣総理大臣は、内閣を代表して議案を国会に提出し、一般国務及び外交関係について国会に報告し、並びに行政各部を指揮監督する。
第73条　内閣は、他の一般行政事務の外、左の事務を行ふ。
1．法律を誠実に執行し、国務を総理すること。
2．外交関係を処理すること。
3．条約を締結すること。但し、事前に、時宜によつては事後に、国会の承認を経ることを必要とする。
4．法律の定める基準に従ひ、官吏に関する事務を掌理すること。
5．予算を作成して国会に提出すること。
6．この憲法及び法律の規定を実施するために、政令を制定すること。但し、政令には、特にその法律の委任がある場合を除いては、罰則を設けることができない。
7．大赦、特赦、減刑、刑の執行の免除及び復権を決定すること。
第74条　法律及び政令には、すべて主任の国務大臣が署名し、内閣総理大臣が連署することを必要とする。

第75条　国務大臣は、その在任中、内閣総理大臣の同意がなければ、訴追されない。但し、これがため、訴追の権利は、害されない。

第6章　司　法

第76条　すべて司法権は、最高裁判所及び法律の定めるところにより設置する下級裁判所に属する。
② 特別裁判所は、これを設置することができない。行政機関は、終審として裁判を行ふことができない。
③ すべて裁判官は、その良心に従ひ独立してその職権を行ひ、この憲法及び法律にのみ拘束される。
第77条　最高裁判所は、訴訟に関する手続、弁護士、裁判所の内部規律及び司法事務処理に関する事項について、規則を定める権限を有する。
② 検察官は、最高裁判所の定める規則に従はなければならない。
③ 最高裁判所は、下級裁判所に関する規則を定める権限を、下級裁判所に委任することができる。
第78条　裁判官は、裁判により、心身の故障のために職務を執ることができないと決定された場合を除いては、公の弾劾によらなければ罷免されない。裁判官の懲戒処分は、行政機関がこれを行ふことはできない。
第79条　最高裁判所は、その長たる裁判官及び法律の定める員数のその他の裁判官でこれを構成し、その長たる裁判官以外の裁判官は、内閣でこれを任命する。
② 最高裁判所の裁判官の任命は、その任命後初めて行はれる衆議院議員総選挙の際国民の審査に付し、その後10年を経過した後初めて行はれる衆議院議員総選挙の際更に審査に付し、その後も同様とする。
③ 前項の場合において、投票者の多数が裁判官の罷免を可とするときは、その裁判官は、罷免される。
④ 審査に関する事項は、法律でこれを定める。
⑤ 最高裁判所の裁判官は、法律の定める年齢に達した時に退官する。
⑥ 最高裁判所の裁判官は、すべて定期に相当額の報酬を受ける。この報酬は、在任中、これを減額することができない。
第80条　下級裁判所の裁判官は、最高裁判所の指名した者の名簿によつて、内閣でこれを任命する。その裁判官は、任期を10年とし、再任されることができる。但し、法律の定める年齢に達した時には退官する。
② 下級裁判所の裁判官は、すべて定期に相当額の報酬を受ける。この報酬は、在任中、これを減額することができない。
第81条　最高裁判所は、一切の法律、命令、規則又は処分が憲法に適合するかしないかを決定する権限を有する終審裁判所である。
第82条　裁判の対審及び判決は、公開法廷でこれを行ふ。
② 裁判所が、裁判官の全員一致で、公の秩序又は善良の風俗を害する虞があると決した場合には、対審は、公開しないでこれを行ふことができる。但し、政治犯罪、出版に関する犯罪又はこの憲法第3章で保障する国民の権利が問題となつてゐる事件の対審は、常にこれを公開しなければならない。

第7章　財　政

第83条　国の財政を処理する権限は、国会の議決に基いて、これを行使しなければならない。
第84条　あらたに租税を課し、又は現行の租税を変更するには、法律又は法律の定める条件によることを必要とする。
第85条　国費を支出し、又は国が債務を負担するには、国会の議決に基くことを必要とする。
第86条　内閣は、毎会計年度の予算を作成し、国会に提出して、その審議を受け議決を経なければならない。
第87条　予見し難い予算の不足に充てるため、国会の議決に基いて予備費を設け、内閣の責任でこれを支出することができる。
② すべて予備費の支出については、内閣は、事後に国会の承諾を得なければならない。
第88条　すべて皇室財産は、国に属する。すべて皇室の費用は、予算に計上して国会の議決を経なければならない。
第89条　公金その他の公の財産は、宗教上の組織若しくは団体の使用、便益若しくは維持のため、又は公の支配に属しない慈善、教育若しくは博愛の事業に対し、これを支出し、又はその利用に供してはならない。
第90条　国の収入支出の決算は、すべて毎年会計検査院がこれを検査し、内閣は、次の年度に、その検査報告とともに、これを国会に提出しなければならない。
② 会計検査院の組織及び権限は、法律でこれを定める。
第91条　内閣は、国会及び国民に対し、定期に、少くとも毎年一回、国の財政状況について報告しなければならない。

書籍　　　　３６Ｔ
　１８神田三崎町　ＰＭ

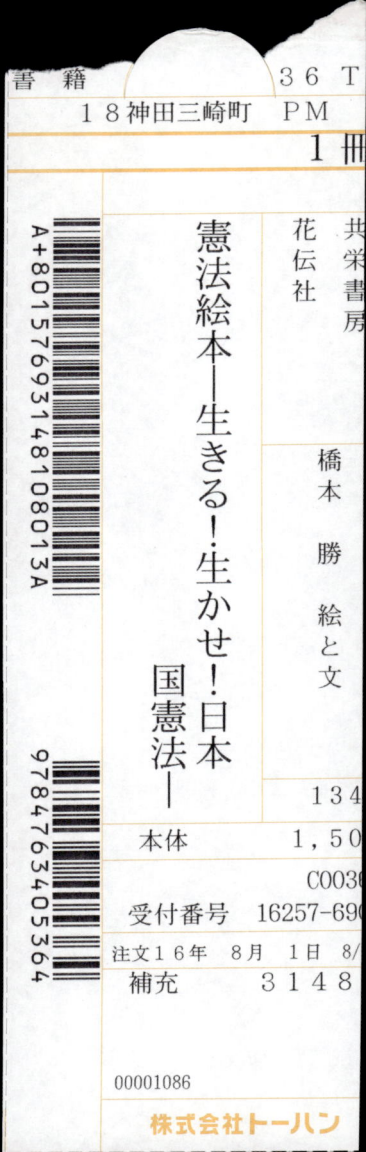

１冊

共栄書房
花伝社

憲法絵本―生きる！生かせ！日本国憲法―

橋本　勝　絵と文

134

本体　　　　1,50

C0036

受付番号　16257-690

注文１６年　８月　１日　8/

補充　　　3148

00001086

株式会社トーハン

第8章　地方自治

第92条　地方公共団体の組織及び運営に関する事項は、地方自治の本旨に基いて、法律でこれを定める。

第93条　地方公共団体には、法律の定めるところにより、その議事機関として議会を設置する。

②　地方公共団体の長、その議会の議員及び法律の定めるその他の吏員は、その地方公共団体の住民が、直接これを選挙する。

第94条　地方公共団体は、その財産を管理し、事務を処理し、及び行政を執行する権能を有し、法律の範囲内で条例を制定することができる。

第95条　一の地方公共団体のみに適用される特別法は、法律の定めるところにより、その地方公共団体の住民の投票においてその過半数の同意を得なければ、国会は、これを制定することができない。

第9章　改　正

第96条　この憲法の改正は、各議院の総議員の3分の2以上の賛成で、国会が、これを発議し、国民に提案してその承認を経なければならない。この承認には、特別の国民投票又は国会の定める選挙の際行はれる投票において、その過半数の賛成を必要とする。

②　憲法改正について前項の承認を経たときは、天皇は、国民の名で、この憲法と一体を成すものとして、直ちにこれを公布する。

第10章　最高法規

第97条　この憲法が日本国民に保障する基本的人権は、人類の多年にわたる自由獲得の努力の成果であつて、これらの権利は、過去幾多の試錬に堪へ、現在及び将来の国民に対し、侵すことのできない永久の権利として信託されたものである。

第98条　この憲法は、国の最高法規であつて、その条規に反する法律、命令、詔勅及び国務に関するその他の行為の全部又は一部は、その効力を有しない。

②　日本国が締結した条約及び確立された国際法規は、これを誠実に遵守することを必要とする。

第99条　天皇又は摂政及び国務大臣、国会議員、裁判官その他の公務員は、この憲法を尊重し擁護する義務を負ふ。

第11章　補　則

第100条　この憲法は、公布の日から起算して6箇月を経過した日から、これを施行する。

②　この憲法を施行するために必要な法律の制定、参議院議員の選挙及び国会召集の手続並びにこの憲法を施行するために必要な準備手続は、前項の期日よりも前に、これを行ふことができる。

第101条　この憲法施行の際、参議院がまだ成立してゐないときは、その成立するまての間、衆議院は、国会としての権限を行ふ。

第102条　この憲法による第一期の参議院議員のうち、その半数の者の任期は、これを3年とする。その議員は、法律の定めるところにより、これを定める。

第103条　この憲法施行の際現に在職する国務大臣、衆議院議員及び裁判官並びにその他の公務員で、その地位に相応する地位がこの憲法で認められてゐる者は、法律で特別の定をした場合を除いては、この憲法施行のため、当然にはその地位を失ふことはない。但し、この憲法によつて、後任者が選挙又は任命されたときは、当然その地位を失ふ。

橋本　勝（はしもと　まさる）
1942年東京に生まれる。新聞、雑誌での社会風刺漫画、映画評を続けること40余年。著書に、『戦争ってナンダ！？』『映画の名画座』（現代教養文庫）、『ベトナムがモンダイだ！？』（第三書館）『チャップリン』『黒澤明』（現代書館）、『ヒッチコック・ゲーム』（キネマ旬報社）、『どうもニッポン』（筑摩書房）、『20世紀の366日』〈日本漫画協会優秀賞受賞〉『2001年の365日』『2002年の365日』『2003年の365日』（ふゅーじょんぷろだくと）『PEACE』（七つ森書館）、『戦争のない世界ってつくれるョ』『21世紀の世界に9条はおすすめです』『核も戦争もイヤなものはイヤ　だから9条がスキ』（BOC出版部）、『映画20世紀館』（花伝社）など。

憲法絵本──生きる！生かせ！日本国憲法──
2009年2月5日　　初版第1刷発行

絵と文 ── 橋本　勝
発行者 ── 平田　勝
発行 ── 花伝社
発売 ── 共栄書房
〒101-0065　東京都千代田区西神田2-7-6 川合ビル
電話　　03-3263-3813
FAX　　03-3239-8272
E-mail　　kadensha@muf.biglobe.ne.jp
URL　　http://kadensha.net
振替　　00140-6-59661
装幀 ── 佐々木正見
印刷・製本　中央精版印刷株式会社

Ⓒ2009　橋本勝
ISBN978-4-7634-0536-4 C0036